Perfect Moon
Luna Perfecta

Perfect Moon
Luna Perfecta

Sipiwe Anderson

BOOTSTRAP PUBLICATIONS

Luna, luna, eres tan perfecta esta noche.

¿Puedo ser como tú?
¿Brillante todo el tiempo?

Te construyes tan perfectamente

Te amo.

Te veo pasar de la forma
de un plátano
a un círculo completo.

Eres fabuloso.

Tan lleno de luz brillando sobre mí.

Perfecta eres.

Mientras me voy a dormir esta noche, te miro y sé que dormiré perfectamente.

El fin

Dedicado a mis hijos Devin y Cameo Anderson

SIPIWE ANDERSON es escritora primeriza, madre y tiene una extensa carrera en actuación y modelaje. El autor reside en los Estados Unidos y nació en Zimbabwe. También ha vivido en Inglaterra, Italia y Francia. Su experiencia mundial internacional y su maternidad se reflejan de manera tierna en sus escritos. Perfect Moon es una de varias piezas.

Special discounts on bulk quantities of Bootstrap Publications books are available. For details contact:
www.bootstrappublications.com

Library of Congress Cataloguing in Publications Data

Anderson, S.
Perfect Moon: Luna Perfecta/ S. ANDERSON
ISBN 978-1-959220-10-7

© 2023 Sipiwe Anderson.

All Rights Reserved. Including the right to reproduce this book or portions thereof in any form whatsoever. For information, address the publisher.

Printed in the United States of America on environmentally conscious material.

www.ingramcontent.com/pod-product-compliance
Lightning Source LLC
LaVergne TN
LVHW072102070426
835508LV00002B/231